Fabian Schubeis

SOA - Merkmale service-orientierter Architekturen und Asp

I0009940

Fabian Schubeis

SOA - Merkmale service-orientierter Architekturen und Aspekte der Entkopplung

GRIN Verlag

Bibliografische Information der Deutschen Nationalbibliothek: Die Deutsche Bibliothek
verzeichnet diese Publikation in der Deutschen Nationalbibliografie; detaillierte bibliografische Daten sind im Internet über http://dnb.d-nb.de/ abrufbar.

1. Auflage 2007
Copyright © 2007 GRIN Verlag
http://www.grin.com/
Druck und Bindung: Books on Demand GmbH, Norderstedt Germany
ISBN 978-3-638-93526-5

UNIVERSITÄT DUISBURG-ESSEN

SOA – Merkmale service-orientierter Architekturen und Aspekte der Entkopplung

Seminararbeit

Vorgelegt dem Fachbereich Wirtschaftswissenschaften
der Universität Duisburg-Essen

von: Fabian Schubeis

Inhaltsverzeichnis

Abbildungsverzeichnis

Abkürzungsverzeichnis

SOA .... Service-orientierte Architektur

ESB .... Enterprise Service Bus

EDA .... Event Driven achitecture

BR .... Business Rules

1 Einleitung

In der folgenden Arbeit wird dem Leser die Thematik der service-orientierten Architekturen näher gebracht. Dabei wird zunächst die Kontroverse in Bezug auf die eigentliche Definition einer SOA dargestellt und erläutert. Des Weiteren folgt eine Beschreibung und Erläuterung der Rollen des 'Publish Find Bind' Patterns zur Funktionsweise einer SOA. Danach werden dem Leser die zentralen Merkmale einer service-orientierten Architektur näher gebracht, wobei hier eine Art 'best of' Auswahl getroffen wurde, da auch in diesem Kontext keine einheitliche Darstellung in der Literatur vorherrscht. Ausgehend von dieser Betrachtung wird im letzten Kapitel dieser Arbeit gesondert auf verschiedene Aspekte der Entkopplung eingegangen, da die lose Kopplung in service-orientierten Architekturen eine zentrale Rolle spielt. In dem Zusammenhang wird zusätzlich der jeweilige Aspekt hinsichtlich der Integrationsmöglichkeit in eine SOA betrachtet.

2 Grundlagen serviceorientierter Architekturen

2.1 Definitionen von SOA

In der Literatur existiert eine Vielzahl unterschiedlicher Definitionen, es ist folglich ersichtlich, dass es bis heute keine eindeutige Auslegung einer service-orientierten Architektur gibt. Es sind zwar teilweise Überlappungen festzustellen, jedoch wird deutlich, dass man sich bei einer Definition von service-orientierten Architekturen immer auf eine Gradwanderung zwischen unterschiedlichen Betrachtungsebenen einlässt. Zum einen wird häufig eine eher allgemeine Abstraktion gewählt, welche hauptsächlich architekturbezogene Aspekte beleuchtet, zum anderen wird eine technisch bezogene Sicht in den Fokus gestellt, wo Ansätze konkreter Technologien zu erkennen sind.

Im Folgenden werde ich einige Definitionen vorstellen und erläutern, wobei festgehalten werden muss, dass es keine einzig richtige Definition service-orientierter Architekturen gibt. [vgl. DJMZ2005, 11]

Erl kommt zu folgender Definition einer SOA:

> „SOA is a form of technology architecture that adheres to the principles of servcie-orientiation. When realized trough the Web Services technology platform, SOA establishes the potential to support and promote these principles troughout the business process and automation domains of an enterprise" [Erl2005, 54]

Hier wird SOA als technologische Architektur beschrieben, die die Prinzipien der Service-Orientierung verfolgt. Dabei ermöglicht eine webservice-basierte Implementierung einer SOA, dass diese Prinzipien auf die Geschäftsprozesse und automatisierte Bereiche über-

tragen werden können. Grundsätzlich wird hier eine eher technische Betrachtungsweise in Bezugnahme der zentralen Prinzipien der Serviceorientierung dargestellt, so werden hier Webservices als zentrale Umsetzung einer SOA genannt. An anderer Stelle beschreibt Erl jedoch, dass diese von ihm genannten Prinzipien bis in die Ebene der Geschäftsprozesse hinein greifen und weist auf SOA als ganzheitliches Konzept hin, wobei jedoch die technischen Aspekte überwiegen. [vgl. Erl2005, 88]

Krafzig hingegen bietet eine Definition, in der konkrete Komponenten, welche eine service-orientierte Architektur ausmachen, benannt werden.

> „A Service Oriented Architecture (SOA) is a software architecture that is based on the key concepts of an application frontend, service, service repository, and service bus. A Service consists of a contract, one or more interfaces , and an implementation." [KrBS2004, 57]

In diesem Zusammenhang veranschaulicht Krafzig eine Softwarearchitektur als eine Beschreibung verschiedener Softwarekomponenten und deren Beziehungen untereinander. Des Weiteren dient die Architektur als eine Art ‚Blaupause', bzw. ein ‚High Level Plan' für die eigentliche Konstruktion des IT Systems. [vgl. KrBS2005, 56] Krafzig legt hier großen Wert auf die Schlüsselkonzepte ‚Endnutzer-anwendung', ‚service', ‚service repository' und ‚service bus' und deutet damit bereits konkrete Technologiekonzepte an.

Dostal definiert eine service-orientierte Architektur hingegen folgendermaßen und lässt hier konkrete Technologien mit Absicht außen vor:

> „Unter einer SOA versteht man eine Systemarchitektur, die vielfältige, verschiedene und eventuell inkompatible Methoden oder Applikationen als wieder verwendbare und offen zugreifbare Dienste repräsentiert und dadurch eine plattform- und sprachenunabhängige Nutzung und Wiederverwendung ermöglicht."
> [DJMZ2005, 11]

Diese Festlegung deutet auf einige zentrale Merkmale, wie Wiederverwendung oder Autonomie der Services einer SOA hin, wobei offen gelassen wird, in welchem Rahmen diese Systemarchitektur zu sehen ist.

Ausgehend von den vorangestellten Definitionen ist es im Kontext einer SOA wichtig zu erkennen, dass diese in einem globaleren Kontext gesehen werden sollte, denn diese verkörpert eine neuartige Denkweise. Durch das Service-Konzept wird es möglich, ausgehend von der damit verbundenen Geschäftsprozessorientierung, eine gemeinsame und integrative Betrachtung hinsichtlich der Geschäfts- und IT-Ebene zu gewährleisten. Dadurch wird eine enge Abstimmung zwischen Software- und Unternehmensarchitektur ermöglicht und führt dazu, Potentiale für die optimale Unterstützung der Unternehmung durch die IT freizulegen.

5

2.2 Das Service Konzept

Eine service-orientierte Architektur beschreibt eine Software-Infrastruktur, in der die wesentlichen Funktionen einer Anwendung in Services gekapselt werden. Services werden in diesem Zusammenhang als Softwarekomponenten bezeichnet, welche bestimmte, klar abgegrenzte und eigenständig nutzbare Funktionen implementieren und von anderen Services genutzt werden können. [vgl. OWRB2005, 210] Dabei spielt die Verteilung der Services keine Rolle, da diese über standardisierte Schnittstellenbeschreibungen Kommunikationsbeziehungen aufbauen können. Darauf aufbauend tauschen diese unabhängig von der zu Grunde liegenden technologischen Plattform Daten aus, wodurch auch monolithische Abhängigkeiten wie durch ‚Client/Server Verbindungen' aufgelöst werden. Diese Grundlage bietet die Möglichkeit, Services flexibel an den Prozessen der Unternehmung zu orientieren und anzupassen. [vgl. MaPa2004] Dabei wird deutlich, dass SOA eine neue Denkweise anstößt, indem, ausgehend von den Geschäftsprozessen, sinnvolle Applikationsfunktionalitäten als Services realisiert werden. Dabei wird eine SOA jedoch nicht als eigentliche Technologie betrachtet, sondern umfasst ein vollständiges Architekturkonzept, wobei durch konsequente Anwendung von SOA-Prinzipien, Vorteile auf allen Ebenen einen Unternehmensarchitektur realisiert werden können. Dementsprechend kann SOA auch als ganzheitlicher Rahmen bezeichnet werden, der ausgehend von Aspekten der eigentlichen unternehmensbezogenen Aufgaben eine Umsetzung auf IT-Ebene unterstützt und somit eine enge Verzahnung von IT und Unternehmung ermöglicht. [vgl. WeDS2006] Im Folgenden wird zunächst die eigentliche Funktionsweise einer SOA, ausgehend von den verschiedenen Rollen betrachtet und erläutert, um dem Leser einen ersten Einblick in das Service-Konzept und dessen Ablauf zu geben. Dabei ist festzuhalten, dass es sich hier lediglich um ein Pattern auf Mikro-Ebene handelt, welches in der Literatur vielfach aufgezeigt und beschrieben wird. Auf technischer Ebene gibt es unterschiedlichste Varianten zur Implementierung einer SOA, wobei sich jedoch fast alle auf dieses Pattern beziehen lassen.

2.2.1 Service Consumer

Der ‚Service Consumer' kann im Kontext der Rollenverteilung innerhalb einer SOA mit einem Client in einer klassischen Client/Server Architektur verglichen werden. Unterscheidungen sind lediglich bei den Schritten zum Aufruf des Dienstes zu erkennen, so wird eine lose Bindung und eine Auswahl des gewünschten Dienstes bei der ‚Service Registry' erst zur Laufzeit, ohne explizite Kodierung im klassischen System, vollzogen. Dem Dienstnutzer ist durch die lose Kopplung nicht ersichtlich wer den Dienst konkret anbietet, umgekehrt muss der Dienstanbieter keine Kenntnis von dem Client haben. Um dies jedoch gewährleisten zu können, ist es wichtig, dass Standards eingehalten werden. So muss der Dienst in der Lage sein dem Dienstnutzer seine Schnittstelle vollständig darzulegen, was nur möglich ist, wenn beide auf gemeinsame Konstrukte zurückgreifen kön-

nen und diese interpretieren. Dieser Sachverhalt wird durch eine einheitliche, sprachu-
nabhängige und standardisierte Dienstbeschreibungssprache realisiert. Die Kommunikation findet dann über ein Protokoll statt, dass sowohl Dienstanbieter als auch Dienstnutzer
bekannt ist. Grundsätzlich kann ein Dienstnutzer aus einer Anwendung, einem anderen
Service oder einem anderen Typ Software bestehen. [vgl. DJMZ2005, 15]

2.2.2 Service Provider

Der Dienstanbieter registriert die, von ihm zur Verfügung gestellten Dienste über eine
standardisierte Schnittstellenbeschreibung bei einem Verzeichnisdienst, die Service Registry, sodass dem Dienstnutzer die Möglichkeit zur Suche nach diesem Service ermöglicht wird. Dieser interpretiert die ihm zugewiesene Schnittstellenbeschreibung und be-
kommt alle notwendigen Informationen, um den Dienst nutzen zu können. Dem Dienstanbieter werden in dem Zusammenhang einige Aufgaben zugesprochen, wie beispielsweise die Sicherstellung der Verfügbarkeit des Dienstes. Häufig ist die Nutzung von Services von wirtschaftlich großem Interesse, denn ein Ausfall würde wirtschaftliche Schäden
zur Folge haben. Des Weiteren muss der Dienstanbieter die Authentifizierung und Au-
thentisierung übernehmen, wobei sichergestellt werden muss, dass der Dienstnutzer der-
jenige ist, für den er sich ausgibt und die Zugriffsberechtigung für den Service besitzt.
Der Dienstanbieter ist darüber hinaus in der Lage mehrere Dienste nach außen hin zu
kapseln, sodass er nicht alle Dienste selbst entwickeln und implementieren muss. So
könnte ein vereinfachter Zugriff auf einen Dienst ermöglicht werden, wobei jedoch die
oben genannten Aufgaben, auch bei gekapselten Diensten, gewährleistet werden müssen
[vgl. DJMZ2005, 14]

2.2.3 Service Registry

Die Service Registry stellt ein zentrales Dienstverzeichnis dar und beinhaltet die primäre
Aufgabe Suchanfragen entgegenzunehmen und dem Service Consumer eine Verbindung
zu einem Dienst zu ermöglichen. Die Service Registry muss in diesem Kontext die
Dienstbeschreibung zur Verfügung stellen, worin die von dem Dienst verfügbaren Schnit-
testellen beschrieben sind. Darüber hinaus sind jedoch auch nicht funktionale Aspekte
von Bedeutung, welche ebenfalls in der Dienstbeschreibung festgelegt werden. In diesem
Kontext wird oft von dem ‚Service Level Agreement' gesprochen, welches beispielsweise
die maximale Antwortzeit eines Services darlegt. Dienstanbieter können diese in der Registry durch eine standardisierte Beschreibungssprache veröffentlichen und somit anderen Nutzern zur Verfügung stellen. Die Service Registry trägt somit wesentlich zur Entkopplung des den Dienstnutzers vom Dienstanbieter bei, da die Suche und die Bindung
an einen speziellen Service erst zur Laufzeit erfolgt. Je nach Anwendungsfall kann eine
Service Registry auf unterschiedliche Weise implementiert werden und beispielsweise

auch eine attributierte Anfrage entgegennehmen, so dass der Dienstnutzer differenzierte-re Anfragen stellen kann und somit eine qualitativ bessere Nutzungsmöglichkeiten erwarten darf. Ausgehend von dem angefragten funktionalen Kontext kann die Service Registry dementsprechend zusätzliche Kriterien für eine optimale Suche hinzuziehen. [vgl. DJMZ2005, 15] Die Service Registry stellt somit alle Informationen zur Verfügung, die notwendig sind, um einen Dienst zu nutzen. [vgl. Erl2005, 60]

2.2.4 Publish-Find-Bind Pattern

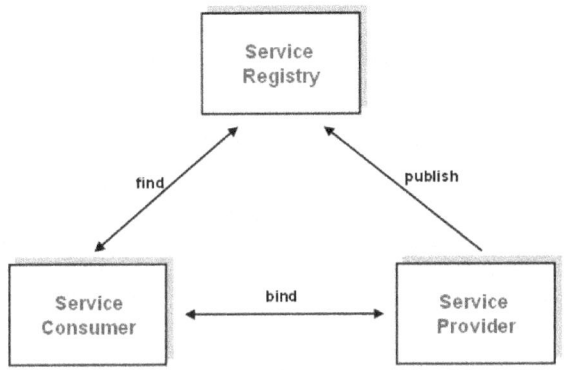

Abbildung 2.1: Rollen in einer SOA

Quelle: in Anlehnung an [vgl. Haas2003]

Ausgehend von den zuvor beschriebenen Rollen einer SOA, umfasst das ‚Publish-Find-Bind Pattern' einige Aktionen um das Zusammenspiel zwischen den einzelnen Akteuren zu gewährleisten. Anhand von Abbildung 2.1 lassen sich folgende wesentliche Aktionen identifizieren. Dabei umfasst die ‚publish' Aktion das Veröffentlichen aller Informationen, die zur Nutzung notwendig sind. Um des Weiteren eine uneingeschränkte Nutzung zu gewährleisten, muss ein Service vor der Registrierung bei der ‚Service Registry' zunächst in einer entsprechenden Umgebung installiert werden. Das Auffinden eines Services durch eine Anfrage an die Service Registry kann als weitere Aktion identifiziert werden, wobei die Service Registry einen ‚best fit' Abgleich mit den schon registrierten Services und dessen Schnittstellenbeschreibungen durchführt. Zu guter Letzt findet das Binden des Service Consumers an den Service Provider und die eigentliche Nutzung statt, bei der die, durch Schnittstellenbeschreibung festgelegten Parameter bezüglich Verschlüsselung oder ähnlichem einzuhalten sind. [vgl. DJMZ2005, 16]

3 Merkmale service-orientierter Architekturen

Im Folgenden wird auf die zentralen Merkmale eingegangen, die eine service-orientierte Architektur charakterisieren. Dabei ist zu beachten, dass in der Literatur, auf Grund einer fehlenden einheitlichen Definition, eine Vielzahl unterschiedlicher Merkmale aufgeführt wird, die sich jedoch nicht durch eine einheitliche Betrachtung auszeichnen. Dabei wird versucht, das jeweilige Merkmal aus einem allgemeinen Betrachtungswinkel zu erläutern, um darauf folgend den wesentliche Fokus auf den Kontext einer SOA zu legen.

3.1 Abstraktion und Kapselung

Abstraktion stellt in Bezug auf Software-Architekturen einen wichtigen Aspekt zur Komplexitätsreduktion dar, indem Details, die für einen bestimmten Kontext nicht von Relevanz sind, ausgeblendet werden. [vgl. Albi2003, 144] Ausgehend von einem hohen Abstraktionsniveau wird hier eine sehr zentrale Grundlage zur Entwicklung von Software-Architekturen geschaffen, da durch die Architektur eine gemeinsame Kommunikationsgrundlage vorhanden ist, die eine Verständigung verschiedener Individuen, mit unterschiedlichem Wissenshintergrund ermöglicht. Gerade in Bezug auf die Verständigungs- und Akzeptanzprobleme zwischen Unternehmensführung und IT ist dieser Aspekt von herausragender Bedeutung. Um jedoch dem Informationsbedarf einzelner Betrachter gerecht zu werden, können verschiedene Dekompositionen durchgeführt werden. Diese ermöglichen die Betrachtung der Architektur auf gewisse Sichten zu erweitern, um damit einen spezielleren Kontext und die damit verbundenen Informationen abzubilden. [vgl. DuGH2003, 2f.] Durch Abstraktion wird auch das Prinzip der Kapselung vorangetrieben, welches im Wesentlichen das Ziel verfolgt, nach außen so wenig Informationen wie möglich offen zu legen, um dadurch zusätzlich Abhängigkeiten zu reduzieren. [vgl. Rieb2006, 74] Die Services bieten somit eine geschäftsprozessorientierte Abstraktion und gewähren eine transparente Sicht auf die dahinter liegende tatsächliche Umsetzung einzelner Teilprozesse. Die Kapselung wird in diesem Kontext durch die von den Services zur Verfügung gestellten Schnittstellen gewährleistet. Services fungieren bei ihrer Nutzung innerhalb einer SOA somit als eine Art Blackbox, die ihre zugrunde liegenden Funktionen vor der Außenwelt verstecken, wobei nur die Schnittstellenbeschreibungen öffentlich zugreifbar sind. [vgl. Erl2005, 298ff.] In der folgenden Abbildung 3.1 wird deutlich, dass der ,Business Service' als Service Consumer komplett von der eigentlichen Implementierung des ,Order Process' Services abstrahieren kann.

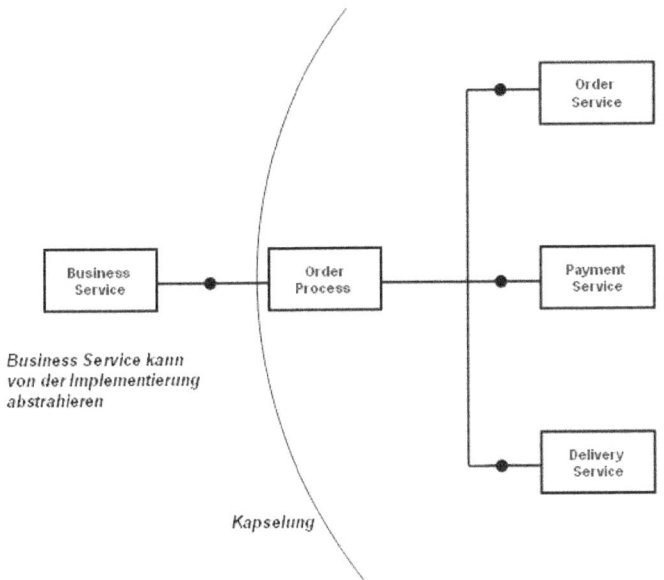

Abbildung 3.1: Kapselung / Abstraktion

Quelle: in Anlehnung an [vgl. WiVe2004]

Er interagiert lediglich über die, durch den ‚Order Process' Service zur Verfügung gestellten Schnittstellen, ohne von der dahinter liegenden eigentlichen Implementierung und Abwicklung Kenntnis haben zu müssen. Somit kapselt der ‚Order Process' Service den Zugriff durch den ‚Business Service' und stellt eine Facade für die von außen zugreifenden Clients dar. [vgl. WiVe2004]

3.2 Agilität und Flexibilität

Ausgehend von der Globalisierung und der zunehmend weltweiten informationstechnischen Verknüpfung wird es immer wichtiger, agile und flexible Architekturen aufzubauen, sodass eine schnelle Anpassung der Datenverarbeitung an die neuen Anforderungen, mit möglichst geringem Aufwand, durchgeführt werden kann. Aus fachlicher Perspektive wird die Flexibilität in SOA durch das ‚Denken in Services' und die modulare Sichtweise auf die Geschäftsprozesse unterstützt. Aus technischen Gesichtspunkten werden serviceorientierte Architekturen der Forderung nach Flexibilität durch ihre beschriebene Struktur und die dabei angestrebte Modularisierung, Kapselung und lose Kopplung gerecht. Einige Aspekte darüber hinaus können die Flexibilität einer SOA näher charakterisieren. Dazu gehört als erstes die Möglichkeit mit geringem Aufwand neue Schnittstellen bzw. Services in die Architektur zu integrieren und damit auch weitere Anwendungssysteme aufzuneh-

men. Des Weiteren ist die Skalierbarkeit zu nennen, also die Fähigkeit Änderungen zu unterstützen, die zu einer Vergrößerung der Struktur führen. Dies kann sich zum einen auf die Services bzw. deren Schnittstellen und zum anderen auf das Ausmaß oder die Form der Interaktion zwischen Services beziehen. In SOA ist darüber hinaus die, im späteren Verlauf noch erläuterte Technologieunabhängigkeit ein Aspekt der Flexibilität der Architektur, so kann auf veränderte technologische Entwicklungen schneller reagiert werden. Ein weiterer wichtiger Punkt ist die Ausbaufähigkeit, da hier die Möglichkeit eröffnet wird Services und Serviceschnittstellen unabhängig voneinander weiterzuentwickeln. Dadurch kann eine Implementierung eines Services geändert werden ohne die Interaktion mit anderen Services, also das Verhalten nach außen zu beeinflussen. [vgl. OWRB2005, 211ff.] Dabei spielt die Trennung von Implementierung und Schnittstelle eine entscheidende Rolle, denn hieraus ergibt sich genau der zuvor angesprochene Aspekt und damit eine verbesserte Änderbarkeit und Flexibilität des Systems. [vgl. BMRS1998, 399] Ausgehend von Veränderungen in Geschäftsprozessen kann in Abbildung 3.1 somit der Beitrag von Abstraktion und Kapselung zur Agilität erkannt werden. Dabei ist es beispielsweise möglich einen bezüglich des ‚Order Process' Services nachgelagerten Dienst hinsichtlich dessen Implementierung zu ändern, ohne dass sich die Funktionserbringung durch den ‚Order Process' Service verändern würde. Darüber hinaus wäre auch eine Hinzunahme neuer Services zur Erfüllung der Funktionalität von ‚Order Process' auf Grund veränderter Anforderungen möglich. Diese Modifikationen blei ben für den Service Consumer völlig transparent, da dieser wie zuvor die Schnittstelle des ‚Order Process' Service nutzt und diese unabhängig von solchen Änderungen Bestand hat. [vgl. WiVe2004] Generell ist Agilität hauptsächlich in Bezug auf die Geschwindigkeit, mit der sich ein Unternehmen an veränderte Bedingungen anpassen kann, von der Flexibilität zu unterscheiden. [vgl. Sche2006] Zusammenfassend kann festgestellt werden, dass eine SOA Agilitätspotentiale offen legt und somit gewährleistet, dass Unternehmen von Einflüssen äußerer Veränderungen so gut es geht bewahrt werden. [vgl. Erl2005, 64]

3.3 Unterstützung der Wiederverwendung

Die Einführung einer SOA ist häufig mit dem Ziel verbunden, eine höhere Wiederverwendbarkeit zu erreichen, die es ermöglicht, Entwicklungs- und Wartungsaufwand zu verringern. [vgl. OWRB2005, 214] Des Weiteren wird eine konsistente Datenhaltung durch die Vermeidung der negativen Folgen von Redundanzen unterstützt. [vgl. KrBS2005, 244] Zusätzlich wird durch die Nutzung bewährter und ausgereifter Elemente die Risikominimierung optimiert und eine kostenoptimierte Alternative zur kompletten Neuentwicklung ermöglicht. [vgl. KrBS2005, 250]. Ausgehend von einer serviceorientierten Architektur kann man Wiederverwendung auf unterschiedlichen Perspektiven betrachten. Zum einen wird auf technischer Ebene angestrebt, Teile des Programmcodes wieder zu verwenden, zum anderen bietet die fachliche Perspektive die Möglichkeit, definierte Arbeitsabschnitte im Kontext verschiedener Geschäftsprozesse zu nutzen. Darauf

aufbauend besteht die Option, Services in unterschiedlichen Kompositionen konsistent umzusetzen und demzufolge eine optimale Unterstützung der Geschäftprozesse zu gewährleisten. In diesem Zusammenhang wird ebenfalls deutlich, dass eine geeignete Abgrenzung der Services von großer Bedeutung ist. [vgl. OWRB2005, 214] So führt eine Struktur vieler Services mit niedrigem Funktionsumfang zu einer potentiell höheren Wiederverwendung einzelner Services als eine Struktur weniger Services mit hohem Funktionsumfang, allerdings darf im ersteren Fall der Aufwand zur Pflege nicht unterschätzt werden. [vgl. OWRB2005, 214] Dementsprechend wird die Möglichkeit, Wiederverwendung zu erreichen, sowohl durch eine allgemeine Aufgabendefinition während des Entwurfs eines Services, als auch durch die Kapselung der Geschäftslogik innerhalb eines Services, mit der Aussicht auf eine flexible Einbindung eines Services zur Laufzeit, erreicht. [vgl. Erl2005, 292 und MTSM2003, 60] Um jedoch die geschilderten positiven Effekte auch hervorrufen zu können, sollte darüber hinaus schon bei der Entwurfsphase der Services in Wiederverwendung, beispielsweise in Form einer umfassenden Re-use Dokumentation, investiert werden. Damit soll gewährleistet werden, dass ein Service tatsächlich wieder verwendet werden kann und alle Bedingungen für den operativen Einsatz bekannt sind. Dabei findet eine kontinuierliche Aktualisierung der Dokumentation auch im Verlauf der Realisierung von Services statt, um allen potentiellen späteren Nutzern des Services alle dafür nötigen Informationen darzulegen. [vgl. Ping2006, 77]

3.4 Technologieunabhängigkeit

SOA bietet mit Hilfe einer standardisierten unabhängigen Schnittstellenbeschreibung, beispielsweise durch XML, eine Abstraktion von der zu Grunde liegenden Technologie der Serviceimplementierung, wodurch zusätzlich die Entkopplung zwischen Service Consumer und Service Provider verbessert wird [vgl. Erl2005, 295f. und KrBS2005, 245]. Der wichtigste Aspekt ist dabei, dass eine Konzentration auf die geschäftbezogenen Entscheidungen gestattet wird. Gerade in IT Projekten wird häufig nach der ,optimalen' Technologie geforscht, welche mit Hilfe einer SOA jedoch in den Hintergrund rückt. Technologieunabhängigkeit führt darüber hinaus auch zur erhöhten Ungebundenheit bezüglich der Softwarehersteller, wodurch eine ,Best of Breed' Lösung für das Unternehmen möglich wird. So kann das Unternehmen unabhängig vom Hersteller, die für sich optimalen Services erschließen und kombinieren. Zwar kann eine SOA die Heterogenität nicht beseitigen, aber durch sie wird es möglich damit optimal umzugehen und die damit verbundenen negativen Effekte auf Agilität und Effektivität zu vermeiden. [vgl. KrBS2005, 245ff.]

3.5 Integration von Legacy Systemen

Auf Grund der Abhängigkeit von speziellen Funktionen, die von historisch gewachsenen monolithischen Anwendungen zur Verfügung gestellt werden, sind Unternehmen immer bestrebt eine Integration bestehender System in das neue Konzept durchzuführen. Durch die Wiederverwendung dieser Anwendungen besteht die Möglichkeit von Kostenersparnissen und die Nutzung von potentiell erprobten Anwendungen. Oft ist auch eine gewisse sozialpolitische Tendenz zu erkennen, wodurch der Unternehmensführung eine weiterführende Nutzung der ‚Legacy Systeme' als sinnvolle Möglichkeit erscheint, denn häufig sträuben sich Anwender eines Unternehmens gegen neuartige Nutzungsmöglichkeiten. Die wesentlichen Aspekte der Wiederverwendung und Technologieunabhängigkeit, welche ich in Kapitel 3.3 und 3.4 bereits erläutert habe, finden sich hier folglich ebenfalls wieder und bilden die Grundlage der Integration von ‚Legacy Systemen'. Eine SOA kann nun die Funktionen der ‚Legacy Systeme' über Services nach außen kapseln und für andere Nutzer bereitstellen, wobei die Identifizierung und Umsetzung der Service in diesem Fall mit großen Schwierigkeiten behaftet ist. Diese lassen sich dadurch erklären, dass in ‚Legacy Anwendungen' häufig keine klaren Strukturen vorhanden sind und dessen Implementierung in sich einer sehr starken Kopplung unterliegen. Dementsprechend ist es sinnvoll die Funktionalität der identifizierten Services wiederkehrend zu überprüfen und gegebenenfalls neu zu entwickeln. [vgl. KrHW2006, 177]

3.6 Geschäftsprozessorientierung und Komposition

Die wesentliche Anforderung an betriebliche Informationssysteme bezieht sich auf die optimale Unterstützung der Datenverarbeitung im Rahmen der definierten organisatorischen Aufgaben. In Bezug auf service-orientierte Architekturen wird der Geschäftsprozessorientierung eine zentrale Bedeutung eingeräumt [vgl. OWRB2005, 212], sodass Dostal in diesem Zusammenhang die Geschäftsprozessorientierung als zentrale Säule einer service-orientierten Architektur darstellt. [vgl. DJMZ2005, 11] Dabei ist es bei dem Entwurf notwendig, die Services so voneinander abzugrenzen, dass diese eine sinnvolle Abbildung einzelner Teilschritte eines Geschäftsprozesses darstellen. [vgl. OWRB2005, 212] In diesem Kontext wird in der Literatur häufig von ‚Granularität' gesprochen, wobei Services im Gegensatz zu objektorientierten Systemen als grob granular einzustufen sind. Allerdings hängt die eigentlich festgelegte Granularität immer von dem jeweiligen Anwendungsfall ab, demzufolge also Verallgemeinerung stattfinden kann. [vgl. DJMZ2005, 112] Service-orientierte Architekturen eröffnen die Möglichkeit einzelne Services im Sinne von Prozessbausteinen mit geringem Aufwand zusammenzusetzen und dementsprechend aus einer Komposition anderer Services bestehen zu lassen. Diese Handhabe wird häufig auch als ‚Orchestrierung' bezeichnet und bietet die Aussicht eine automatisierte Interaktionsfolge der Services zu realisieren. Das Ziel der Geschäftspro

zessorientierung in Bezug auf die Abgrenzung und Komposition der Services birgt den Versuch in sich, die Abläufe der unternehmensbezogenen Leistungserstellung so vollständig und durchgängig wie möglich abzubilden. Ausgehend von diesem Aspekt wird ersichtlich, dass diese Möglichkeit einen direkten Treiber für die Flexibilität und Agilität eines Unternehmens darstellt. Des Weitern wird durch dieses Vorgehen ein Beitrag für ein verbessertes Verständnis in Bezug auf die informationstechnischen Strukturen gewährleistet, da sich diese Strukturen nicht von denen der Geschäftsprozesse unterscheiden. Dabei müssen allerdings genaue Kenntnisse der zu unterstützenden Geschäftsprozesse als Vorraussetzung geltend gemacht werden. [vgl. OWRB2005, 212]

„An dieser Stelle wird die unmittelbare Verknüpfung der Gestaltung der betrieblichen Abläufe und der sie unterstützenden Informationssysteme deutlich." [OWRB2005, 211]

Daraus wird ersichtlich, dass ebenfalls eine engere Integration zwischen unternehmensbezogenen Anforderungen und deren Umsetzung in den Informationssystemen gewährleistet wird, sodass das service-orientierte Konzept zwischen diesen Bereichen eine Art Verständnis- und Kommunikationsgrundlage darstellt. Dieser Aspekt eröffnet ebenfalls die Möglichkeit für eine ganzheitlichere Betrachtungsweise von Unternehmens- und IT-Strategie. Durch die Geschäftsprozessorientierung wird aber auf der anderen Seite genauso ersichtlich, dass sich eine service-orientierte Architektur im Spannungsfeld von Geschäftsstrategie-System sowie IT-Strategie und –System beweget und die damit verbundenen Interdependenzen berücksichtig werden müssen. In diesem Kontext erlangt das SOA Management und SOA Governance einen immer höheren Stellenwert. Abbildung 3.2 soll in dem Zusammenhang die verschiedenen komplexen Einflussbereiche verdeutlichen. [vgl. Gall2004a, 236]

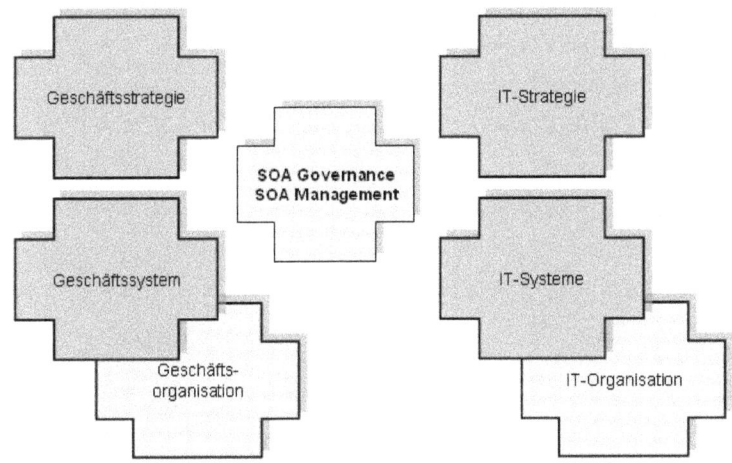

Abbildung 3.2: SOA Governance und SOA Management im Spannungsfeld von IT
und Business

Quelle: in Anlehnung an [vgl. Gall2004a, 236]

Um ein optimales SOA Management durchführen zu können ist es wichtig zu erwähnen,
dass ein SOA Governance als kritischer Erfolgsfaktor und Grundlage vorhanden sein
muss. Dabei werden an höherer Stelle zentrale Regeln und Prinzipien festgelegt, die beispielsweise konkret aufzeigen wie Services entwickelt werden müssen und wie umfang-
reich deren Schnittstellen ausfallen sollen. [vgl. Wool2006] Des Weiteren sind häufig
große Teilbereiche des Business sehr stark auf Services angewiesen und somit auch auf
deren Qualität, beispielsweise in Bezug auf die Verfügbarkeit eines Services, die schon
bei dem Entwurf berücksichtigt werden muss, um auch nach der Umsetzung eine optimale Nutzung zu gewährleisten. Eine unternehmensübergreifende Nutzung von Services
macht ebenfalls zentrale Regeln durch das SOA Governance notwendig, wodurch die
Steuerung und Sicherung des Vertragsverhältnisses der Parteien gewährleistet werden
soll. Durch diese Betrachtung wird ersichtlich, dass um eine umfassende Unterstützung
und Überwachung dieses Kontextes sicher zu stellen, ein umfassendes SOA Servicema-
nagement, welches die vom SOA Governance vorgegebenen Regeln umsetzt, zwingend
notwendig ist. Durch die konsequente Umsetzung soll eine konsistente und kontinuierliche Nutzung von Services gewährleistet und dadurch die positiven Aspekte einer SOA in
einem Unternehmen bestmöglich zur Entfaltung gebracht werden. Ein wichtiger Aspekt,
der aus der vorangestellten Betrachtung hervorgeht, bezieht sich auf das Business Process Reengeniering, welches durch die geschäftsprozessorientierte Definition von Services neue Anstöße erhält. Diese Tatsache führt oftmals zu einem kritischen Überdenken

und Überarbeiten der Geschäftprozesse und leistet somit auch einen wichtigen Beitrag zur Optimierung der betrieblichen Prozesse. [vgl. OWRB2005, 212 und Wool2006]

3.7 Autonomie

Mit Autonomie wird die Unabhängigkeit bzw. die Abgeschlossenheit eines Services beschrieben. Dabei muss bei dem Entwurf eines Services auf die klare Abgrenzung der exponierten Logik geachtet werden. Dadurch wird es möglich, dass der Service seine Ausführung selbst kontrolliert und dem zu Folge die Abhängigkeiten zu anderen Services verringert werden. Damit steht eine strenge Eigenständigkeit in direktem Zusammenhang zur Entkopplung von Services. Jedoch ist zu beachten, dass Autonomie nicht notwendigerweise bedeutet, dass ein Service alleiniger Besitzer der durch ihn gekapselten Logik ist. Nach Erl zeichnet sich Autonomie somit durch zwei Bereiche aus. Die Service-‚Level Autonomie' beinhaltet, dass die Grenzen eines Service zwar eindeutig festgelegt sind, dieser aber gewisse zu Grunde liegende Ressourcen mit anderen teilt. Die andere Variante beinhaltet die reine Autonomie, welche dem gegenüber beinhaltet, dass ein Service der alleinige Besitzer der ihm zugewiesenen Geschäftlogik ist und ihm in diesem Zusammenhang auch die volle und alleinige Kontrolle unterliegt. [vgl. Erl2005, 303ff.]

3.8 Lose Kopplung

Die lose Kopplung ist ein zentrales Merkmal einer service-orientierten Architektur und bildet die Grundlage für die optimale Ausprägung vieler vorher beschriebener Aspekte, beispielsweise haben unabhängige autonome Services ein höheres Potenzial zur Wiederverwendung in unterschiedlichen Kontexten. Oft wird mit einer SOA zunächst eine flexible schnell anpassbare Architektur in Verbindung gebracht, wobei die wesentlichste Voraussetzung lose gekoppelte Services darstellen. Lose gekoppelt bedeutet dementsprechend, dass Services weitgehend autonom voneinander existieren und zwischen verschiedenen Services die Abhängigkeiten so weit es geht reduziert sind. Eine lose Kopplung kann aus zwei Blickwinkeln betrachtet werden. Zum einen aus einem eher fachlichen Blickwinkel, wo die Services entsprechend an den, für Teilprozesse notwendigen Funktionen ausgerichtet werden und dadurch einen abgegrenzten fachlichen Bereich abdecken. Aus der technischen Perspektive hingegen wird darauf geachtet, dass die eigentliche Implementierung der Services so unabhängig wie möglich voneinander ist [vgl. OWRB2005, 208], dazu gehören unter anderem sowohl die Kommunikationsformen als auch die eigentlich Bindung eines Service. Darüber hinaus wird durch eine Entkopplung der Services in einer SOA gewährleistet, dass Änderungen eines Services isoliert betrachtet werden können und keine Auswirkungen auf andere Services haben. An dieser Stelle wird auf das Folgenden Kapitel verwiesen, wo auf Aspekte der Entkopplung gesondert eingegangen wird. [vgl. KrBS2005, 46ff.]

4. Service-orientierte Architekturen und Aspekte der Entkopplung

Im Folgen werden einige wesentliche Aspekte der Kopplung beschrieben erläutert und in den Kontext einer service-orientierten Architektur gestellt. Dabei soll deutlich werden, inwieweit gewisse Konzepte zur Förderung der losen Kopplung führen können und so wesentliche Merkmale, wie Flexibilität und Agilität in einer SOA zur optimalen Ausprägung bringen können. Dabei wird die Betrachtung auf unterschiedlichen Abstraktionsebenen und verschiedenen Blickwinkeln vollzogen.

4.1 Kommunikationsmechanismen

Die Kommunikation prägt sehr stark die Beziehung und die Abhängigkeiten zweier Services, sodass hier zunächst die wesentlichen Kommunikationsmöglichkeiten gegenüber gestellt werden.

4.1.1 Synchrone Kommunikation

Mit der synchronen Kommunikation ist eine sehr enge Kopplung der Services verbunden, da der Service Consumer nach seiner Anfrage an den Service Provider so lange blockiert wird, bis dieser ihm eine Antwort schickt. Erst nach Empfang des Responses kann der Service Consumer mit der ‚Arbeit' fortfahren. [vgl. Kell2002, 77] Weiterhin ist er abhängig von dem Zustand des Service Providers, so kann dieser nur aufgerufen werden, wenn beide eine direkte Verbindung zueinander haben und der Service Provider bereit und aktiv ist. In Abbildung 4.1 wird das Request/Response Konzept, auf dem die synchrone Kommunikation beruht verdeutlicht dargestellt.

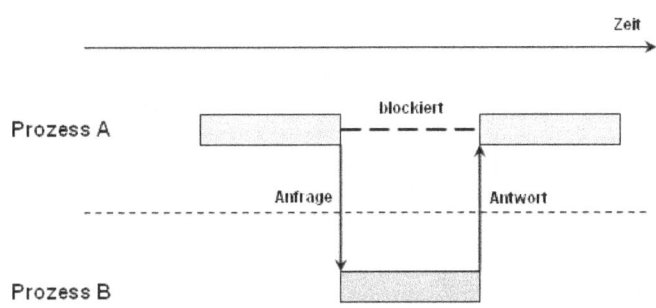

Abbildung 4.1: Synchrone Kommunikation
Quelle: in Anlehnung an [vgl. AcNe2005, 38]

Ein Beispiel für eine konkrete Umsetzung dieser Kommunikation der engen Kopplung ist ein klassischer RPC Aufruf. [vgl. KrBS2005, 48]

4.1.2 Asynchrone Kommunikation

Die asynchrone Kommunikation entkoppelt den Service Consumer weitgehend von dem Service Provider, indem die Anfrage unabhängig vom Zustand des Service Providers zu einer ‚Message Queue' gesendet werden kann.

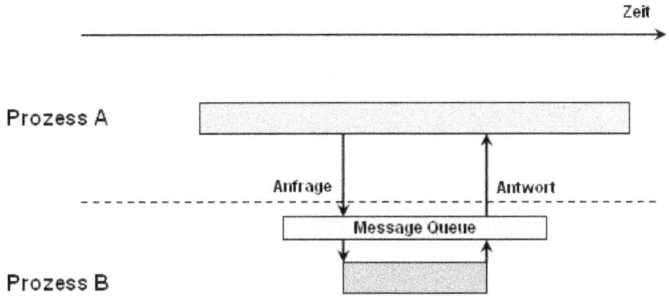

Abbildung 4.2: Asynchrone Kommunikation
Quelle: in Anlehnung an [vgl. AcNe2005, 39]

An dieser Stelle wird die Anfrage so lange bereitgestellt, bis der Service Provider diese abruft und bearbeitet. Während dieser Zeit kann der Service Consumer völlig unabhängig weiter arbeiten, ohne auf eine direkte Rückantwort warten zu müssen. Abbildung 4.2 soll dieses Verfahren veranschaulichen. Ausgehend von dieser Betrachtung ist anzumerken, dass die asynchrone Kommunikation tendenziell mächtiger ist, da über diese ebenfalls das in 4.1.1 beschriebene synchrone Konzept abgebildet werden kann. Dies geschieht durch die Aufteilung eines Prozesses in zwei unterschiedliche Threads, so ist ein Service in der Lage die synchrone Kommunikation zu realisieren, d.h. auf die ausstehende Antwort zu warten. Der andere Thread kann dementsprechend weitere Aufgaben verfolgen. Die asynchrone Kommunikation ist somit die eine Variante die Entkopplung der Services zu gewährleisten. [vgl. OWRB2005, 208ff.] und [vgl. KrBS2005, 39ff.]

4.2 Bindung durch Service Registry

Das eigentliche Verfahren zur dynamischen Bindung von Services wurde schon anfangs in Bezug auf das ‚Publish-Find-Bind Pattern' und dessen Rollen beschrieben, hier soll jedoch noch einmal auf den Aspekt der Entkopplung in Form einer Gegenüberstellung von stati-

scher und dynamischer Bindung in einer SOA eingegangen werden. In der Literatur wird teilweise zusätzlich zur Service Registry ein Service Repository definiert, welches zur Ablage von Metadaten bezüglich der Services genutzt wird, also als eine Art Datenbank verstanden werden kann. Die eigentliche Bindung und Kommunikation erfolgt daher weiter über die Service Registry, welche auf die Informationen im Service Repository zurückgreift. Da in der Literatur keine einheitliche Betrachtungsweise vorliegt wird im Folgenden die zuvor beschriebene Trennung auf logischer Ebene vorgenommen, von der realen Implementierung wird hier abstrahiert, da häufig das Service Repository Teil der Service Registry ist.

4.2.1 Statischen Binden

Mit dem statischen Binden sind sehr viele Kenntnisse über den zu nutzenden Service zur Entwicklungszeit verbunden. Wie in Abbildung 4.3 zu sehen, greift ein Entwickler direkt auf Informationen zur Nutzung eines bestimmten Services zu. Der Aufruf des Services wird innerhalb der Implementierung direkt zur Entwicklungszeit 'hard codiert', wodurch eine sehr starke Abhängigkeit, beispielsweise in Bezug auf den physikalischen Ort oder das verwendete Protokoll, zu dem aufzurufenden Service entsteht.

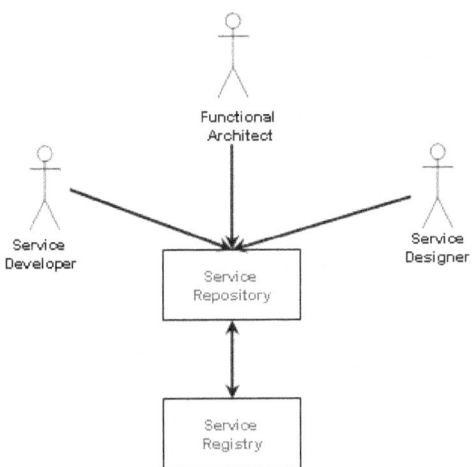

Abbildung 4.3 : Statisches Binden

Quelle: In Anlehnung an [vgl. MaLu2007, 5]

Dementsprechend ist hier ein deutlicher Kopplungsgrad zu erkennen, was dazu führt, dass zukünftige Änderungen einer der beteiligten Services ebenfalls Änderungen an dem

abhängigen Service erfordert. Das statische Binden ist demzufolge zwar ein relativ einfaches Modell, aber es birgt in sich eine sehr starre Struktur. [vgl. KrBS2005, 62]

4.2.2 Dynamisches Binden

Das dynamische Binden umfasst im Wesentlichen die Bindung zweier Services zur Laufzeit, d.h. zur Entwicklungszeit kann von konkreten Informationen bezüglich des aufzurufenden Services abstrahiert werden. Dabei können jedoch unterschiedliche Stufen bzw. Implementierungsformen der Service Registry, als zentraler ‚Vermittler', unterschieden werden. Die erste Variante ist, dass ein Service Consumer mit Hilfe des Namens eine Anfrage an die Service Registry stellt und folgerichtig an den Service mit dem entsprechenden Namen gebunden wird. Dem Aufrufer werden alle Informationen, die für die Nutzung des Services notwendig sind zur Verfügung gestellt. Eine andere Möglichkeit umfasst eine attributierte Anfrage an die Service Registry, wodurch ein höheres Maß an Flexibilität erreicht wird. So wäre es möglich, dass im Gegensatz zur ersten Variante nicht nur ein Service Provider zur Verfügung steht, sondern direkt mehrere existieren, die die gewünschte Funktion hinsichtlich unterschiedlicher Qualitätsprofile erbringen können. Dabei könnte man sich vorstellen, dass der Service Consumer durch eine Gewichtung der Attribute beispielsweise einen Service mit einer kurzen Antwortzeit, einem Service mit hohen Sicherheitsbestimmungen vorziehen würde und so eine entsprechende Zuweisung durch die Service Registry erfolgt. Dabei ist allerdings zu berücksichtigen, dass die Service Registry komplexere Suchmechanismen beinhalten muss und es folglich einer umfangreicheren Implementierung bedarf. Diese Verfahren verdeutlichen, dass die Service Registry eine gewisse Entkopplung der Services bewirkt. [vgl. KrBS2005, 63ff]

4.3 Event Driven Architecture

In der Fachpresse wird eine Nutzung der Event Driven Architecture im Kontext einer SOA häufig als ‚Next Generation SOA' bezeichnet und deutet somit darauf hin, dass die zentrale Merkmale einer SOA eine noch stärkere Ausprägung erfahren. Dieser Architekturstil bietet somit die Möglichkeit die Entkopplung von Services und damit dessen völlige Unabhängigkeit voneinander noch einmal zu erhöhen, um damit das System noch flexibler und agiler zu gestalten. In einer ‚Event Driven Architecture' wird eine völlig neue Strategie zu Grunde gelegt, wie Services entworfen und implementiert werden können. Dabei interagieren verteilte Services, indem sie Events erzeugen und empfangen. [vgl. DuGH2003, 241] In diesem Kontext wird häufig von dem ‚Publish-Subscribe Pattern' gesprochen, welches auf technischer Ebene häufig als Spezialfall der in Abschnitt 4.1.2 beschriebenen asynchronen Kommunikation bezeichnet wird. Das Pattern umfasst zunächst, dass Services für einzelne Ereignisse Abonnements festlegen können. Werden

nun entsprechende Ereignisse erzeugt, werden alle Abonnenten über diese Ereignisse unterrichtet und können in spezifischer Art und Weise dar auf reagieren. [vgl. Albi2003, 202] Dabei kann unter einem Ereignis eine Zustandsänderung innerhalb einer Ressource verstanden werden, welches durch das Versenden einer Nachricht ohne konkreten Adressaten veröffentlicht wird wird. [vgl. MSJL2006, 318] Des Weitern gibt es unterschiedliche Möglichkeiten wie das ,Publish.Subscribe Pattern' angewendet werden kann. Die oben beschriebene Variante, in der Abonnenten unselbständig über Ereignisse informiert werden, wird als ,Push-Modell' bezeichnet. Wenn sich jedoch die Abonnenten selbständig über beispielsweise veränderte Zustände informieren müssen, wird in diesem Zusammenhang von ,Pull-Modell' gesprochen. [vgl. BMRS1998, 340] Die eigentliche Implementierung einer event-basierten Architektur erfordert eine zentrale Infrastruktur, wo Abonnement-Registrierungen und Ereignisverwaltung stattfinden. So würde das Pull Modell zwar einen geringeren Aufwand der zentralen Verwaltungseinheit darstellen, jedoch auf der anderen Seite für ein erhöhtes Kommunikationsaufkommen sorgen. Eine SOA-basierte Umsetzung wäre in diesem Kontext in der Nutzung eines Enterprise Service Buses zu sehen, wo Services unabhängig Nachrichten erzeugen und konsumieren können. [vgl. KAHH2005, 36] Der ,Enterprise Service Bus' ist damit für die eigentliche Umsetzung einer event-driven-architecture-basierten SOA verantwortlich, indem dieser Ereignisse in Form von Zustandsänderungen erkennt oder Nachrichten von einzelnen Services an den Enterprise Service Bus publiziert. Dieser Sachverhalt soll durch die folgende Grafik illustriert werden.

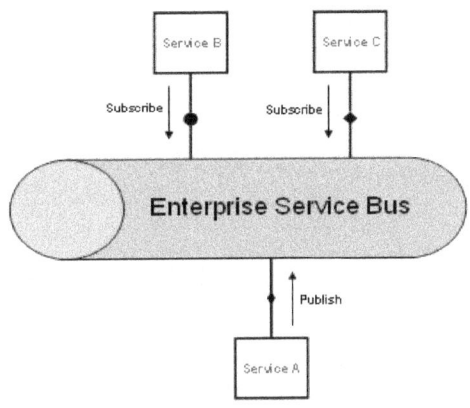

Abbildung 4.4: Umsetzung EDA in SOA

Quelle: in Anlehnung an [vgl. KAHH2005, 35 und Loui2006]

Darauf aufbauend hat der Enterprise Service Bus die Aufgabe, die entsprechenden Abonnenten über diese Ereignisse zu informieren. Alternativ wäre auch ein ständiges Abfragen der Abonnenten beim Enterprise Service Bus, hinsichtlich der abonnierten Ereignisse vorstellbar, wodurch dann das oben beschriebene Pull-Modell umgesetzt wäre. Der ESB kann als eine Middleware Variante angesehen werden, die sowohl für die Integration, jedoch auch für die Entkopplung in Form der Umsetzung einer event-basierten Struktur heterogen entwickelter Services sorgt. [vgl. MSJL2006, 341] Durch die erhöhte Unabhängigkeit und Autonomie der Services wird jedoch auch die Komplexität des Systems erhöht, was zu einer erschwerten Konfiguration und Fehlerbehebung führen kann. [vgl. Albi2003, 202] Ein wesentlicher Unterschied zwischen einer traditionellen und event-basierten SOA bezieht sich darauf, dass gerade durch den Wegfall der standardisierten Schnittstellenbeschreibung und des damit verbundenen dynamischen Bindens über eine Service Registry ein höherer Entkopplungsgrad der Services erreicht werden kann, da sich die Kommunikation einzelner Services lediglich auf Publish und Subscribe Aktionen beschränkt bleibt. [vgl. MSJL2006, 318]

4.4 Domänenmodell

Das Domänenmodell bietet die Möglichkeit eine SOA auf einem sehr hohen Abstraktionsniveau zu betrachten und dort eine Strukturierung der Services durchzuführen. Die Problematik, die mit einer SOA verbunden ist, bezieht sich auf das Problem, dass Services teilweise redundant entwickelt und definiert werden. Dabei ist die Ursache in der Komplexität der Unternehmensarchitektur und den darin eingebetteten Geschäftsprozessen zu sehen. In der Literatur wird der Aspekt des Domänenmodells häufig als ‚Domain Engeneering' bezeichnet und umfasst die Sammlung, Verwaltung und systematische Wiederverwendung von Artefakten für die Entwicklung von Systemen oder Services einer bestimmten Domäne, welche hier ein abgegrenztes Arbeits- oder Wissensgebiet umfasst. Des Weiteren wird eine Domäne als ein architektonisches Gestaltungselement zur Gruppierung der Services nach funktionalen, technologischen oder applikationsgeprägten Gesichtspunkten bezeichnet. Das Domänenkonzept ist nicht nur im Kontext der Strukturierung und Organisation der Applikationslandschaft einsetzbar, sondern auch ein wichtiges Hilfsmittel zur Definition der Kopplung zwischen einzelnen Komponenten bzw. Services. So herrscht innerhalb einer Domäne eine sehr enge Kopplung und zwischen ihnen eine sehr lose Kopplung. Durch dieses Modell wird es somit möglich eine Organisation der Kopplung schon auf höchster Abstraktionsebene zu gewährleisten. [vgl. Gall2004a, 243ff. und Gall2004b, 212]

4.5 Business Rules

Der Business Rules Ansatz beinhaltet das Ziel die zu Grunde liegenden Anwendungen von den Geschäftsregeln zu entkoppeln, um somit dem Unternehmen die Chance zu geben, flexibel auf sich ändernde Unternehmens-einflüsse zu reagieren. [vgl. Inno2006, 3] Eine Geschäftsregel wird in diesem Zusammenhang als ‚Direktive' oder ‚Guideline', die das Geschäftsverhalten beeinflussen oder leiten soll, bezeichnet [vgl. ScGr2006, 17] Diese bildet die Grundlage für so genannte ‚Wenn/Dann' Entscheidungen, auf die sich ein Groß-teil der Prozesse in einem Unternehmen herunterbrechen lassen. Diese Entscheidungen werden auch als Geschäftslogik bezeichnet und wurden bei vielen Anwendungen meist direkt ‚hard codiert', wobei dies dazu führt, dass die Geschäftsregeln sehr stark mit den technischen Programmteilen verwoben sind. Diese starke Abhängigkeit macht die Anpas-sung der Geschäftsregeln sehr kompliziert und aufwändig, denn häufig müssen notwen-digerweise ganze Anwendungen angepasst und verändert werden. Der BR Ansatz ver-sucht nun, die für die Fachabteilung ansonsten als Blackbox betrachteten IT-gestützten Entscheidungsprozesse transparent zu machen. Dies geschieht indem, die in vielen An-wendungen verstreuten Geschäftslogik, also den Business Rules, an einer zentralen Stelle zur Verfügung gestellt werden und somit eine Entkopplung dieser, in Bezug auf die An-wendungen gewährleistet wird. [vgl. Desa2005, 65f.]

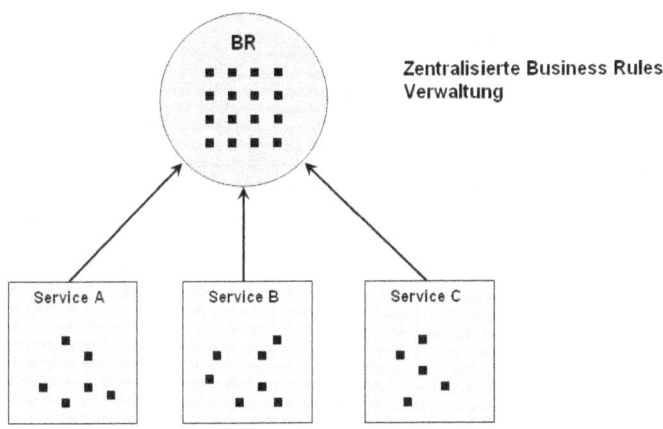

Abbildung 4.5: Business Rules

Quelle: in Anlehnung an [vgl. Inno2006, 4]

Wie in der zuvor vorgestellten Grafik zu erkennen, wird dieser Ansatz der Vision ‚Busi-ness drives IT' insofern gerecht, als dass die Fachleute durch eine vereinfachte Visualisie-

rung und Notation in Bezug auf die BR, in die Lage versetzt werden die IT Systeme direkt zu beeinflussen ohne direkte Kenntnisse von beispielsweise speziellen Programmiersprachen haben zu müssen. [vgl. ScGr2006, 30] Die Konzepte des BR Ansatzes lassen sich ebenfalls optimal in eine SOA integrieren und führen dazu, dass einzelne Services schneller und flexibler an die jeweils neuen Bedingungen angepasst werden, nämlich indem nur an einer zentralen Stelle eine Änderung vorgenommen werden muss. In diesem Zusammenhang werden häufig unterschiedliche Umsetzungen erörtert. So wird neben der Verwaltung über ein zentrales Repository auch die Kapselung der Business Rules über einen eigenen Service diskutiert. Als spezielle Ausprägung des letzteren Falls sind hier die ‚Decision Services' zu nennen, wodurch darüber hinaus auch event-basierte Strukturen ermöglicht werden. So werden Ereignisströme regelbasiert verarbeitet, ausgewertet, und definierte Aktionen angestoßen. Diese, auch als ‚Business Activity Monitoring' bezeichnete Ausprägung, gestattet daher sowohl die Möglichkeit zur frühzeitige Steuerung durch Entscheidungsträgern, als auch, ausgehend von der Nutzung ereignisgesteuerter Strukturen, einen höheren Entkopplungsgrad. [vgl. Inno2006, 9]

5 Bewertung und Fazit

In der aktuellen Diskussion bezüglich SOA wird häufig von ‚altem Wein in neuen Schläuchen' geredet. Dabei wird natürlich in gewisser Weise ersichtlich, dass SOA auf Konzepten aufbaut, die auch in schon bestehenden Konzepten verarbeitet sind. Dieser Aspekt trifft aber auf viele neue Konzepte zu, da es sich hier immer um einen evolutionären Prozess handelt und somit ältere Konzepte Grundlage für neuartige Anstöße sind. SOA fokussiert jedoch auch einige neue Sachverhalte, wie die Schaffung einer flexiblen Architektur durch Konzepte der losen Kopplung, die auf vielfältige Art und Weise umgesetzt werden kann. Dabei muss allerdings auch immer beachtet werden, dass eine lose flexible Struktur nicht in jedem Kontext Sinn macht, da der Bedarf nach flexiblen Strukturen nicht in allen Bereichen gleichermaßen ausgeprägt ist und zu dem gewünschten positiven Effekten führt. Dabei sollte auch immer der Kosten-Nutzen Aspekt für den jeweiligen Kontext im Auge behalten werden. Ein für mich wesentlicher positiver Aspekt bezüglich einer SOA, bezieht sich darüber hinaus auf die geschäftsprozessorientierte Abstraktion hinsichtlich Services, welche eine integrative Sichtweise der IT und der Geschäftsebene ermöglicht. Dementsprechend gewährleistet eine SOA eine gemeinsame Verständigungs- und Kommunikationsgrundlage, wodurch die wesentliche Grundlage für eine optimale Unterstützung durch die IT geschaffen wird. Des Weiteren ist an dieser Stelle wichtig zu erwähnen, dass in der Praxis die Relevanz eines SOA Governance und SOA Managements zunehmend größer wird, da dies die Voraussetzungen zur optimalen Ausprägung der Potentiale einer service-orientierten Architektur sind.

Literaturverzeichnis

Acne2005   Ackermann, Ulf; Neuhaus, Sebastian: Entwicklung eines Refe-
            renzmodells für prozessorientierte, dienstbasierte Unterneh-
            mensarchitekturen sowie Einordnung und Analyse bestehender
            Plattformen, Essen 2005

Albi2003   Albin, Stephen: The Art of Software Architecture. Design, Meth-
            ods and Techniques, Indianapolis Indiana 2003

BMRS1998   Buschmann, Frank; Meunier, Regine; Rohnert, Hans; Sommer-
            lad, Peter; Stal, Michael: Pattern-orientierte Software-
            Architektur, Bonn 1998

Desa2005   De Sainte Marie, Christian: Buisness Rule Management Systeme
            von ILOG. In: Künstliche Intelligenz (2005) 1, S. 65-66.

DuGH2003   Dustdar, Schahram; Gall, Harald; Hauswirth, Manfred: Software
            Architekturen für verteilte Systeme, Heidelberg 2003

Erl2005   Erl, Thomas: Service-Oriented Architecture. Concepts, Technol-
            ogy, and Design, Crawfordville, Indiana 2005

Gall2004a   Gallas, Eric Björn: Der Aufbau eines Service Life Cycle Manage-
            ment für eine Service Orientierte Architektur als Brücke zwischen
            Geschäftsprozess und IT Integration. In: Aier, Stephan; Schön-
            herr, Marten (Hrsg.): Enterprise Application Integration – Servi-
            ceorientierung und nachhaltige Architekturen. Reihe Enterprise
            Architecture – Band 2, Berlin 2004, S.229-278

Gall2004b   Gallas, Eric Björn: Enterprise Service Integration(ESI) – Der Weg
            zu einem servicebasierten EAI-Framework unter Einsatz und Er-
            weiterung von Web Services. In: Aier, Stephan; Schönherr, Mar-
            ten (Hrsg.): Enterprise Application Integration –Flexibilisierung
            komplexer Unternehmensarchitekturen. Reihe Enterprise Archi-
            tecture – Band 1, Berlin 2004, S.175-217

Haas2003   Haas, Hugo; W3C: Designing the architecture for Web Services.
            http://www.w3.org/2003/Talks/0521-hh-wsa/slide12-0.html,
            Abruf am 2007-01-09

Inno2006   Innovations Softwaretechnologie GmbH: White Paper - Buisness
            Rules und SOA. Parallelen und Synergien, Immenstaad 2006

KAHH2005   Keen, Martin; Adinolfi, Oscar; Hemmings, Sarah; Humphreys,
              Andrew; Kanthi, Hanumanth; Nottingham,Alasdair:
              http://www.redbooks.ibm.com/redbooks/pdfs/sg246494.pdf,
              2005-05, Abruf am 2006-12-15

Kell2002   Keller, Wolfgang: Enterprise Application Integration: Erfahrungen
              aus der Praxis, Heidelberg 2002

KrBS2005   Krafzig, Dirk; Banke, Karl; Slama, Dirk: Enterprise SOA. Service-
              Orientented Architecture Best Practices, Maryland 2005

KrHW2006   Krieghoff, Stefan; Hasselbring, Wilhelm; Reussner, Ralf: Migrati-
              on von Altsystemen zu dienstorientierten Architekturen. In:
              Reussner, Ralf; Hasselbring, Wilhelm (Hrsg.): Handbuch der
              Software-Architektur, Heidelberg 2006, S.165-182

Loui2006   Louis, Jean: http://res.sys-con.com/story/may06/222886/JEAN-
              LOUIS-FIG-3.gif, 2006-05, Abruf am 2007-01-10

MaLu2007   Manolescu, Dragos, Lublinsky, Boris:
              http://orchestrationpatterns.com/files/ServiceRepository.pdf,
              2007, Abruf am 2007-01-06

MaPa2004   Parys, Dariusz; Mauerer, Jürgen: SOA (Service Oriented Archi-
              tecture).
              http://www.microsoft.com/germany/msdn/library/enterprise/
              SOAServiceOrientedArchitecture.mspx?mfr=true:, 2004-11-14,
              Abruf am 2006-12-28

MSJL2006   McGovern, James; Sims, Oliver; Jain, Ashish; Little Mark: Enter-
              prise Service Oriented Architectures. Concepts, Challenges. Rec-
              ommendations, Netherland 2006

MTSM2003   McGovern, James; Tyagi, Sameer; Stevens, Michael; Mathew,
              Sunil: Java Web Services Architecture, Morgan Kaufmann Series
              in Data Management Systems, San Francisco, 2003

OWRB2005   Oey, Kai; Wagner, Holger; Rehbach, Simon; Bachmann, Andrea:
              Mehr als alter Wein in neuen Schläuchen: Eine einführende Dar-
              stellung des Konzepts der serviceorientierten Architekturen. In:
              Aier, Stephan; Schönherr, Marten (Hrsg.): Unternehmensarchi-
              tekturen und Systemintegration. Reihe Enterprise Architecture –
              Band 3, Berlin 2005, S.195-220

Ping2006   Pingel, Dierk: Business Integration Forum 2006. Pre-Workshop 2,
              03-06-04.2006, Kongress Center Messe Frankfurt – Der SOA-
              Prozess: von der Geschäftsprozessmodellierung zur Service-
              Implementierung, Frankfurt 2006

Rieb2006   Riebisch, Matthias: Prozess der Architektur- und Komponenten-
            entwicklung. In: Reussner, Ralf; Hasselbring, Wilhelm (Hrsg.):
            Handbuch der Software-Architektur, Heidelberg 2006, S.65-88

Sche2006   Schelp, Joachim Dr.: Fachtagung Serviceorientierte Architekturen
            SOA. Duisburg, 08.12.2006. Gerhard-Mercator-Haus, Mit Servi-
            ceorientierung vom Monolithen zum Monolithen – kritische Fakto-
            ren für den nachhaltigen Erfolg Serviceorientierter Architekturen,
            Duisburg 2006

ScGr2006   Schacher, Markus; Grässle, Patrick: Agile Unternehmen durch
            Business Rules, Heidelberg 2006

WeDS2006   Weber, Uwe; Dermentzoglou, Lucie; Schmidtmann, Verena Dr.:
            SOA für nachhaltigen Nutzen. http://www.ecin.de/strategie/soa/,
            2006-10-05, Abruf am 2006-12-28

WiVe2004   Wilkes, Lawrence; Veryard, Richard: Service-Oriented Architec-
            ture: Considerations of Agile Systems.
            http://msdn2.microsoft.com/en-us/library/aa480028.aspx,
            2004-04, Abruf am 2006-11-10

Wool2006   Woolf, Bobby: Introduction to SOA governance. http://www-
            128.ibm.com/developerworks/library/ar-servgov/, 2006-06,
            Abruf am 2006-12-15

www.ingramcontent.com/pod-product-compliance
Lightning Source LLC
La Vergne TN
LVHW092353060326
832902LV00008B/1009